Oxumarê, o Arco-Íris

Reginaldo Prandi

Mais histórias dos deuses africanos que vieram para o Brasil com os escravos

Ilustrações de **Pedro Rafael**

Para Sayonara

Copyright © 2004 by Reginaldo Prandi
Copyright das ilustrações © 2004 by Pedro Rafael

CAPA E PROJETO GRÁFICO
Raul Loureiro

ILUSTRAÇÃO DE CAPA
Pedro Rafael

REVISÃO
Thaís Totino Richter
Beatriz de Freitas Moreira
Adriana Cerello

CRÉDITO DA FOTO DO AUTOR
Lucila Wroblewski

Dados Internacionais de Catalogação na Publicação (CIP)
(Câmara Brasileira do Livro, SP, Brasil)

Prandi, Reginaldo
  Oxumarê, o Arco-Íris : mais histórias dos deuses africanos que vieram para o Brasil com os escravos / Reginaldo Prandi; ilustrações de Pedro Rafael. — São Paulo : Companhia das Letrinhas, 2004.

  ISBN 85-7406-235-9

  1. Folclore - Literatura infanto-juvenil I. Rafael, Pedro II. Título

04-7217   CDD-028.5

Índices para catálogo sistemático:
1. Folclore: Literatura infantil: 028.5
2. Folclore: Literatura infanto-juvenil: 028.5

2004

Todos os direitos desta edição reservados à
EDITORA SCHWARCZ LTDA.
Rua Bandeira Paulista, 702, cj. 32
04532-002 — São Paulo — SP — Brasil
Telefone: (11) 3707-3500
Fax: (11) 3707-3501
www.companhiadasletrinhas.com.br

Sumário

O dia em que o Arco-Íris estancou a Chuva, 9
A mulher que se transformava em búfalo, 12
A briga da Velha Senhora com o Ferreiro, 17
O Médico dos Pobres ganha pérolas de Iemanjá, 20
O Caçador de Elefantes é acusado de roubo, 24
Como a Senhora das Cabeças enlouqueceu o marido, 28
A Morte ajuda o Ferreiro numa disputa com o Trovão, 31
Como a Bela da aldeia acabou ficando velha e feia, 34
O Criador da Humanidade inventa a Morte, 39
Por que muitos seres humanos não batem bem da cabeça, 41
O Caçador dos Peixes cura o pai da cegueira, 45
O Erborista que não cortava as plantas, 50
O Adivinho e as histórias que sempre se repetem, 52

Quem são os nossos personagens, os orixás, 58
Nota do autor, 63
O autor e o ilustrador, 63

O dia em que o Arco-Íris estancou a Chuva

Quando havia escravidão em nosso país,
milhares de africanos que pertenciam aos povos iorubás
foram caçados e trazidos ao Brasil para trabalhar como escravos.
Assim como outros africanos aqui escravizados,
os iorubás, que também são chamados nagôs, trouxeram
seus costumes, suas tradições, seus deuses, os orixás.
E, até hoje, muitas dessas tradições dos antigos nagôs estão vivas,
tanto no Brasil como na própria África.
Fazem parte delas as histórias de Ifá.

Ifá, o Adivinho, aquele que conhece todas as histórias
já acontecidas e as que ainda vão acontecer,
conta que na antiga África negra, em tempos imemoriais,
vivia a mais velha das mulheres, a mais antiga de todas.
Ela era tão arcaica que até ajudou Oxalá a criar a humanidade,
emprestando-lhe a lama do fundo do lago onde ela vive
para que ele moldasse o primeiro ser humano.
Apesar de velha, era mulher bela e formosa,
era uma deusa, e Nanã era seu nome.
Teve dois filhos, um muito bonito, o outro feio.
O filho feio é conhecido pelo nome de Omulu,
o outro, o belo, nós o chamamos de Oxumarê.

O príncipe Oxumarê usava roupas vistosas
tingidas de todas as cores,
que realçavam ainda mais sua beleza
e o faziam invejado por todos.
Onde quer que fosse, era sempre admirado
por sua formosura e pelo luxo de seus trajes.
Esse gosto pelas roupas alegres herdara do pai,
conhecido como o homem da capa multicolorida.
Contam muitas histórias sobre Oxumarê
e dizem que ele costuma aparecer ora na forma de uma cobra,
ora como o próprio arco-íris enfeitando o céu.

Pois bem, dizem que houve um tempo
em que a Terra foi quase destruída pela Chuva.
Chovia o tempo todo, o solo ficou todo encharcado,
os rios pularam fora de seus leitos, de tanta água.
As plantas e os animais morriam afogados,
a umidade e o mofo se alastravam por todos os lugares
a doença e a morte prosperavam.
A chuva é benfazeja, mas não pode durar para sempre,
sabia muito bem Oxumarê.
Então, o jovem filho de Nanã,
que nunca tinha tido simpatia pela Chuva,
apontou seu punhal de bronze para o alto
e com ele fez um grande corte em arco no céu,
ferindo a Chuva e interrompendo sua ação.
A Chuva parou de cair e alagar tudo aqui embaixo,
e o Sol pôde brilhar de novo, refazendo a vida.
Desde então, quando chove em demasia,
Oxumarê risca o céu com seu punhal de bronze
para estancar as águas que caem das alturas.
Quando isso acontece,
todos podem ver o belo príncipe no céu
vestido com suas roupas multicoloridas.
Todos podem vê-lo na forma do arco-íris.
Na língua africana de Oxumarê, aliás,
seu nome quer dizer exatamente isso: o Arco-Íris.
Quando não está chovendo,
Oxumarê vive na Terra.

Muitos dizem que Oxumarê foi posto no firmamento
por sua própria mãe Nanã, a Sábia,
para que, de lá do alto,
todos pudessem admirar sua beleza.

Dizem também que foi por causa de sua formosura
que Oxumarê acabou transformado numa cobra.
Tudo porque Xangô, o Trovão, rei da cidade de Oió,
encantou-se com as cores do Arco-Íris.

Para poder admirar Oxumarê quando bem quisesses,
Xangô planejou aprisioná-lo para sempre.
O rei Trovão chamou Oxumarê em seu palácio
e, quando o jovem príncipe entrou na sala do trono,
os soldados do rei fecharam todas as portas e janelas.
O príncipe das cores não podia fugir de Xangô,
estava encurralado, preso,
impedido de subir ao firmamento.

Oxumarê ficou desesperado.
Quem estancaria a Chuva, se ele permanecesse preso?
Quem salvaria a humanidade da fúria das águas?
Quem impediria as enchentes,
as enxurradas destruidoras,
as avalanches de terra encharcada?
Quem frearia a destruição das colheitas
por excesso de água?
Quem livraria o homem da fome, da morte?

Oxumarê, o Arco-Íris, implorou a Olorum.
Olorum, o Senhor Supremo, ouviu o prisioneiro
e, com pena dele, transformou-o numa cobra.
A cobra então deslizou pelo chão da sala do palácio
e, com facilidade, escapou pela fresta sob a porta.
Ficou livre para sempre.

Por isso Oxumarê vive no firmamento
e vive no solo.
Vive no Céu e na Terra.
Ele é ambíguo, é misterioso.
Temos medo quando o vemos rastejar
pelo chão feito um réptil asqueroso,
e nos encantamos com suas cores luxuosas
esparramadas em arco no horizonte.
Ele é o príncipe-serpente,
a cobra que rasga o céu.
É o Senhor do Arco-Íris.

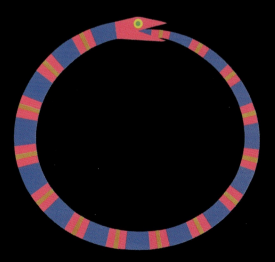

A mulher que se transformava em búfalo

Ogum, o Ferreiro, tinha várias mulheres,
como era o antigo costume dos iorubás na África.
Esta história, contada por Ifá, o Adivinho,
fala de um segredo de uma de suas esposas.
O Ferreiro, que era o rei da cidade de Irê,
também era guerreiro corajoso e exímio caçador.
Foi quem ensinou a arte da caça a seu irmão Oxóssi,
o que matou o pássaro destruidor enviado por Iá Mi Oxorongá,
a feiticeira que não fora convidada à festa do rei,
e que por esse feito foi aclamado o Caçador do Povo.

Pois bem, num certo dia, em tempos muito longínquos,
Ogum caçava na floresta quando avistou um búfalo.
Ficou na espreita, pronto para abater a fera.
Qual não foi sua surpresa ao ver, de repente,
uma linda mulher sair de sob a pele do animal.
Era Oiá, que também é conhecida pelo nome de Iansã.
Sem se dar conta de estar sendo observada,
Iansã escondeu a pele de búfalo no mato
e caminhou em direção ao mercado da cidade.
Naqueles tempos e lugares africanos, era no mercado,
uma feira a céu aberto, que as coisas de fato aconteciam,
e eram as mulheres que ali vendiam de tudo.

Ogum não teve dúvida: roubou a pele de Iansã
e escondeu-a cuidadosamente em sua casa.
Depois foi ao mercado procurar pela bela mulher.
Não tardou e a avistou toda alegre em sua banca
fritando e vendendo deliciosos acarajés.
Ah! O Ferreiro estava estonteado pela beleza de Iansã
e logo tratou de cortejá-la.
Mas tudo o que Iansã queria era vender seus acarajés.
Ogum não desistiu, nunca desistiu de nada,
e passou ali o dia observando a moça.

No final da tarde, completamente enamorado,
pediu a vendedora de acarajé em casamento.
Iansã não respondeu, apenas sorriu.
Como o dia já estava chegando ao fim,
ela recolheu seus apetrechos e seguiu para a floresta.
Mas chegando lá procurou e não encontrou sua pele.
Voltou ao mercado e logo avistou Ogum, sorrindo para ela.
Imediatamente Iansã compreendeu que ele a roubara,
mas Ogum negou haver furtado dela o que quer que fosse.
Apaixonado, Ogum pediu Iansã novamente em casamento.
Iansã, que não podia ir embora sem a pele,
concordou em se casar com Ogum, disse sim,
e foi viver na casa dele,
onde também viviam as outras esposas do Ferreiro.

Para se casar, Iansã fez algumas exigências.
Ogum nem ninguém jamais poderia fazer
qualquer alusão à história da pele de búfalo.
Nenhuma pessoa da casa poderia usar a casca do dendê
para fazer o fogo, como era o costume do lugar.
Também se evitaria rolar o pilão pelo chão da casa.
Essa coisas eram tabus de Iansã, seus interditos,
proibições que faziam parte de sua natureza misteriosa.
Ogum aceitou sem questionar as exigências de Iansã,
prometendo honrar seus preceitos e guardar seus segredos.
Ordenou que suas mulheres e filhos respeitassem
as proibições e os mistérios da nova esposa.
E a vida na casa de Ogum voltou à velha rotina.
Iansã era feliz como esposa de Ogum e vendedora de acarajé,
mas nunca deixou de procurar sua pele de búfalo.

As esposas mais velhas sentiam ciúmes da mais nova.
Quando Ogum saía para caçar ou cultivar o campo,
elas planejavam, sem sucesso, um jeito de descobrir o segredo de Iansã.
Até que uma delas embriagou Ogum com vinho-de-palma
e ele acabou contando a história da pele de búfalo.
Assim as mulheres descobriram o segredo de Iansã.

Logo depois Ogum teve que partir para a guerra.
Quando guerreava, gostava de levar Iansã consigo,
pois ela era guerreira arrojada e corajosa,
tanto que também a chamam de a Destemida,
aquela que nada teme, nem aos mortos.
Mas, daquela vez, Iansã ficou em casa,
pois estava para ter mais um filho.
Iansã teve nove filhos, daí seu nome Iansã,
que na língua do lugar quer dizer a mãe dos nove.
Na ausência de Ogum, rolando o pilão no chão
e lançando casca de dendê no fogo,
as mulheres começaram a fazer insinuações maldosas
sobre o esconderijo de uma certa pele de búfalo
e a murmurar coisas que aludiam ao lado animal de Iansã.

Numa manhã de colheita, as outras esposas foram para a roça
e Iansã ficou sozinha em casa, fingindo estar doente.
Ela vasculhou cada canto da casa, cada palmo,
até que finalmente encontrou sua pele.
Iansã vestiu a pele de búfalo, a sua pele,
e ficou de tocaia, esperando as mulheres voltarem.
Quando chegaram, Iansã, ou o búfalo que ela era,
vingou-se sem dó das que desrespeitaram seus tabus.
Saiu escoiceando e bufando, chifrando as mulheres,
rasgando-lhes a barriga, fazendo-as fugir em pânico,
arrastando consigo as crianças.
Poupou somente seus nove filhos,
que imploravam, assustados, sua benevolência.
O búfalo acalmou-se, afagou os filhos ternamente
e depois partiu para a floresta em disparada.
Iansã desapareceu, mas, antes de sair de casa,
deixou com os filhos seu par de chifres.

Em momentos de perigo ou necessidade,
seus filhos esfregam um dos chifres no outro,
e Iansã, a Tempestade, esteja onde estiver,
vem rápida como um raio em seu socorro.

A briga da Velha Senhora com o Ferreiro

A uma festa no palácio de Olorum, o Senhor do Céu,
compareceram todos os orixás.
O primeiro a chegar foi Exu, o Mensageiro,
que é aquele que está sempre antes dos demais.
Em seguida foi a vez de Oxóssi, o Caçador, e Ogum, o Ferreiro.
"Veja, meu irmão", disse Ogum a Oxóssi,
"nada mesmo pode começar se Exu não vem na frente."
"Sem nosso irmão Exu nada acontece",
concordou Oxóssi, o Caçador do Povo.
Os demais foram chegando, a conversa se animando.
Omulu e seu irmão Oxumarê traziam a mãe Nanã, a Sábia.
Oxumarê, o Arco-Íris, vinha com todas as suas cores
e seu falar que soa como o sibilar de uma cobra.
Omulu, o Curador, cobria-se de palhas
para esconder as marcas da varíola.
Xangô, o Trovão, fez-se acompanhar de suas esposas:
Obá, a Prestimosa,
Iansã, a Tempestade,
e Oxum, a Bela.
Ossaim veio com os braços carregados de folhas mágicas,
que foram usadas para enfeitar o salão de festa
e transmitir aos presentes a força sagrada
que os iorubás chamam de axé.

Enquanto chegavam os demais, a conversa se animava,
uns falando das qualidades dos outros
e, disfarçadamente, sussurrando sobre os defeitos.
Uma festa como aquela reunia todos os poderosos,
pois se à frente estava Olorum, o Ser Supremo,
não faltava nem um dos orixás,
que têm o dom de controlar o mundo e a vida
em todos os seus aspectos.
Cada orixá é responsável por uma parte da natureza,
um aspecto da cultura, uma dimensão da vida em sociedade.

A conversa estava mesmo animada.
"Será que o poder de cada um de nós tem a mesma importância?"
propôs um orixá, certamente querendo ver o circo pegar fogo.
Todos concordaram que a missão de cada um era muito importante,
e importante, acima de tudo, era a colaboração entre eles.
"Mas uns são tratados com mais honras que os outros", disse alguém.
"Como Exu, sempre na frente dos demais", outro exemplificou.
"Sim, mas é porque ele rege o movimento,
e sem movimento nada acontece", justificou um terceiro.
"Oxalá é o pai de todos e então é justo que receba
as homenagens mais respeitosas, as nossas e as dos humanos",
afirmou outro, curvando-se e beijando a mão trêmula do Grande Orixá.
"O importante é que colaboremos entre nós com humildade,
sempre com desprendimento e respeito", disse um outro mais,
"porque o mérito está naquilo de bom que fazemos ao próximo."

A festa e a conversa prosseguiam, com alguém dizendo agora:
"Mas quem sabe mais da vida é Nanã, ninguém viveu mais que ela,
ninguém acumulou tantas experiências e saberes".
"Sim, por isso os humanos a chamam a Sábia", lembrou outro.
"Sim, mas também a chamam de a Velha, a Avó, a Ranzinza",
disse Ogum, fazendo pouco-caso da mais velha dos orixás.
Ao ouvir essas palavras, Nanã se zangou e disse a Ogum:
"Eu exijo mais respeito, meu jovenzinho Ferreiro.
Abaixe-se quando eu passar, sim?".
"Ogum não se curva para ninguém, minha senhora.
Todos precisam de mim para comer,
pois sem a faca de metal que eu fabrico não se mata bicho
nem se corta sua carne para fazer a comida",
respondeu Ogum, vaidoso, que ainda disse:
"Todos me devem favores, pois eu também abro os caminhos."
"Pois então, a partir de agora", sentenciou Nanã,
"proíbo o uso da faca a todos os meus filhos e seguidores.
Vamos ver quem precisa dos favores deste moço!"

E na casa de Nanã, a Sábia, nunca mais se usou faca de metal
por causa do desentendimento sobre o poder e a humildade.

O Médico dos Pobres ganha pérolas de Iemanjá

Num tempo muito antigo,
guerreiros vindos de um distante país situado a leste
invadiram muitos reinos da África ocidental,
trazendo consigo a mais mortífera das armas, a varíola.
E a varíola, peste terrível, dizimava as populações conquistadas.

Numa das aldeias invadidas vivia Omulu, o Filho do Rei,
e o príncipe Omulu foi vítima da peste, contraiu a varíola.
Sua pele cobriu-se de bexigas purulentas,
teve febres altíssimas e muitas vezes esteve quase à morte.
Omulu era sábio e tratou de aprender com sua doença.
Aprendeu a curar, primeiro a varíola, depois outros males.
Pacientemente, desvendou todos os segredos das doenças,
aprendeu todos os mistérios dos males do corpo.
Ficou senhor de todos os remédios, todos os feitiços,
dominou cada uma das fórmulas miraculosas, sobreviveu.
Mas para sempre sua pele ficou marcada pelas chagas
e seu aspecto não era nada bom de se ver.
Dizem que Nanã, a Sábia, que era sua mãe, o cobriu de palhas
para esconder as feias marcas da horrível moléstia.
Assim andava ele pelas aldeias, e por onde passava
curava os doentes desenganados, varrendo a peste para longe.
Foi chamado o Médico dos Pobres, o Curador,
porém continuava sendo um homem pobre e triste.
Vivia sozinho e envergonhado de sua condição,
sempre escondido sob as palhas.

Um dia chegou a uma praia, onde conheceu Iemanjá.
Iemanjá, a Mãe dos Filhos Peixes, teve pena de Omulu.
A mãe dos orixás e dos homens adotou Omulu, o Curador.
Ela via a tristeza do filho pobre e imaginava
qual riqueza poderia dar a ele para fazê-lo feliz.
Iemanjá, a Senhora do Mar, reina nos oceanos.
É a dona dos peixes, dos polvos e das lulas.

Ela tem os caramujos, as conchas, os corais.
Tudo aquilo que dá vida ao oceano
tinha antes pertencido a sua mãe, Olocum,
e ela dera tudo a Iemanjá.
Iemanjá era dona de muitas jóias, e era vaidosa,
mas preferia se enfeitar de algas.
Vestia-se com a água verde do mar,
adornava o colo com a espuma branca das ondas,
embelezava os cabelos com o reflexo da Lua.
Iemanjá, o Mar, então se lembrou de um tesouro que guardava,
uma fortuna sempre cobiçada por deuses e humanos.
Eram as suas pérolas, pérolas em número sem fim,
que as ostras fabricavam para ela.
Iemanjá chamou Omulu e lhe disse:
"De hoje em diante, és tu que cuidas das pérolas do mar.
Serás assim também chamado o Senhor das Pérolas".

Por baixo de sua rústica vestimenta de palha,
Omulu ostenta colares e mais colares de pérola,
belíssimas jóias que escondem suas feridas
e enfeitam seu corpo marcado pelas chagas.
E vai de aldeia em aldeia e leva a cura a quem sofre,
e muitos nem sabem que estão diante de um sábio,
que estão diante do Filho do Rei, um homem rico.
Ele é orgulhoso de seus mistérios de curador e de sua riqueza,
mas mesmo assim é triste e retraído.
O Curador domina todos os mistérios da saúde e da doença
e é capaz de castigar com a peste quando necessário.
Omulu cura, sim, mas também pode matar.
Todos o respeitam e temem
e agradecem pela saúde que proporciona.
Quando ele chega, embuçado nas suas palhas,
carregando uma vassoura com que varre a peste para longe,
todos o saúdam murmurando "Atotô!",
saudação que na língua de seu país quer dizer
"Silêncio! Respeito!".
"Atotô!"

O Caçador de Elefantes é acusado de roubo

Erinlé era o mais famoso caçador do reino.
Seu nome significa o Caçador de Elefantes,
mas ele caçava de tudo,
aves, mamíferos e répteis,
e em sua casa havia fartura.
Embora fosse admirado e respeitado por muitos,
uns poucos moradores invejavam Erinlé
e conspiravam para arruinar o caçador.
Os inimigos do Caçador de Elefantes
arquitetaram um plano sórdido para aniquilá-lo.
Então, por obra de algum ladrão,
carneiros e cabras do rebanho do rei começaram a sumir.
O rei intimou quem soubesse alguma coisa sobre o roubo
a vir testemunhar em sua presença.
Mais do que depressa, e muito alegres,
os conspiradores foram até o palácio fazer a acusação.
Disseram que Erinlé roubava cabras e ovelhas,
e que depois mentia, dizendo que as carnes que comiam em casa
eram de animais selvagens caçados no mato.
O rei intimou Erinlé.
Houve um julgamento.
Os inimigos de Erinlé testemunharam contra ele.
"Ele se diz caçador, mas a carne que se come na casa dele
é carne de cabras e ovelhas roubadas do rebanho real",
disse a primeira testemunha de acusação.
"É isso aí, é isso mesmo", frisou a segunda testemunha.
"Eles vivem se empanturrando com os animais do rei",
insistiu o terceiro acusador.

O rei quis ouvir a defesa de Erinlé.
Erinlé, que estava espantado com as acusações,
ajoelhou-se perante o rei e disse:
"A carne que comemos em minha casa, Majestade,
vem das minhas caçadas na floresta e nos campos.

Eu tenho minha lança, meu arco e minhas flechas
e nunca precisei roubar nada para alimentar minha família".
Os três homens que faziam a acusação
trocaram risinhos de escárnio,
fizeram caretas.
"Fiquem quietos", disse o rei,
"ou mando castigar todo mundo.
Caçador de Elefantes, completa tua defesa."

"Minha caça será minha testemunha", disse Erinlé.
Com a licença do rei, Erinlé foi até sua casa
e trouxe muitos fardos para mostrar ao soberano:
pilhas das vistosas peles dos animais que ele caçava,
gamos e veados, antílopes e crocodilos,
feixes do rico marfim, presas de elefantes e javalis,
sacos de macias penas de pássaros multicoloridos
e muito mais.
"As carnes desses bichos eu não trouxe, Majestade,
porque essas nós comemos a cada dia", ele disse.

O rei reconheceu a inocência de Erinlé.
Erinlé voltou para casa, inocentado porém triste.
Os acusadores antes se diziam seus amigos
e ele não podia se conformar com aquela falsidade.
Um dia foi-se embora para nunca mais ser visto,
deixou ali tão-somente sua lança, seu arco e suas flechas.
Em sua descrença nos homens, preferiu juntar-se à natureza.

Tudo o que os filhos de Erinlé encontraram
foram a lança, o arco e as flechas do Caçador de Elefantes.
Ele levou consigo a chibata
com a qual fustigava seu cavalo,
e a si mesmo, em desespero.
Dizem que se transformou num rio,
e de fato corre na África um rio chamado Erinlé.
O rio Erinlé é Erinlé, o Caçador de Elefantes,
o orixá caçador que já não caça.

Como a Senhora das Cabeças enlouqueceu o marido

Ifá, o Adivinho, que sabe todas as histórias
que já aconteceram e que vão acontecer no Céu e na Terra,
gosta de contar esta história passada no começo dos tempos,
na época em que o mundo foi criado.
Olorum, o Senhor do Céu, o deus supremo dos iorubás,
encarregou os orixás de muitas missões e tarefas
para que a humanidade pudesse viver na Terra.
Assim, Xangô, o Trovão, cuida da justiça.
Oxum, a Bela, vela pelo amor entre os humanos
e pela fertilidade das mulheres.
Ogum, o Ferreiro, é o orixá da guerra e da metalurgia.
Nanã, a Sábia, zela pela preservação do conhecimento.
Oxóssi, o Caçador do Povo, cuida da caça
e não deixa a humanidade passar fome.
Iansã, a Destemida, protege do raio.
Omulu, o Curador, é o senhor das doenças e da cura.
E assim por diante,
cada orixá com sua missão.

Para Iemanjá, Olorum reservou tarefa singular.
Ela devia tomar conta da casa de Oxalá, o Grande Orixá,
o Grande Pai que criou a humanidade.
Devia cuidar da casa e do próprio Oxalá,
que já estava velho e cansado
e precisava de atenções especiais.

Iemanjá não gostou nada da sua missão.
Achava muito pouco, queria coisa mais importante,
alguma coisa que fosse vital para os homens.
E todo dia reclamava com Oxalá, o Grande Pai,
repetindo sem parar sua manhosa exigência.
Queria porque queria ter uma missão que todos invejassem.
Queria ser dona de um poder que fosse maravilhoso,
como era o poder de outros orixás.

Tanto falou Iemanjá no ouvido de Oxalá,
tanto falou, reclamou e reclamou,
que Oxalá ficou louco!
Sua mulher o endoideceu.

Ah! Que susto, que medo sentiu Iemanjá.
Ela, que fora designada para cuidar do Grande Pai,
o orixá que tinha criado o homem e a mulher,
ela, com sua cobiça e sede de poder, o perturbara
a ponto de deixá-lo fora de suas faculdade mentais.
Sua cabeça não agüentara, a cabeça adoecera.
O que não diriam os outros?
Qual não seria seu castigo?

Iemanjá, então, tratou de cuidar de Oxalá.
Cuidou de sua cabeça enlouquecida
oferecendo-lhe água fresca,
nutritivas nozes-de-cola,
apetitosos caracóis, frutas dulcíssimas.
E muita calma, muita paz, muita tranqüilidade,
num ambiente de recolhimento limpo e silencioso.
E Oxalá ficou curado.
Então, com o consentimento de Olorum, o Deus Supremo,
Oxalá, o Criador da Humanidade, encarregou Iemanjá
de cuidar da cabeça de todos os mortais
para que cada um fosse sempre calmo e tranqüilo,
equilibrado, seguro e feliz.
Para que ninguém jamais enlouquecesse.
Iemanjá ganhara enfim a missão tão desejada.
Agora ela era a Senhora das Cabeças.

Por direito de herança, Iemanjá é também a Senhora do Mar,
domínio que recebeu de sua mãe, Olocum,
e pelo qual é muito festejada.
Mas cuidar das cabeças dos homens e das mulheres,
missão importantíssima, é o que faz de Iemanjá
a mãe protetora de toda a humanidade.

A Morte ajuda o Ferreiro numa disputa com o Trovão

Ogum, o Ferreiro, e Xangô, o Trovão,
sempre foram rivais em tudo.
Disputam guerras, reinos e mulheres.
Muitos dizem que são irmãos,
ambos filhos de Iemanjá, o Mar.
Mesmo assim, estão sempre em conflito.
Cada um é grande demais,
poderoso demais,
cortejado demais
para aceitar a importância do outro.
Nunca convide Ogum e Xangô para a mesma mesa.

Certa vez, Ogum propôs a Xangô uma trégua.
Pelo menos até que a próxima Lua chegasse.
Xangô fez alguns gracejos, Ogum revidou,
mas decidiram-se por uma aposta.
Em vez de fazer a guerra, fariam uma competição
que fosse pacífica e lucrativa.
Podiam assim, sem derramamento de sangue,
prosseguir com sua peleja permanente.
Ogum propôs que ambos fossem à praia
e recolhessem o maior número de búzios que conseguissem.
Naquele tempo, na África dos negros iorubás,
os búzios eram o dinheiro corrente.
Quem juntasse mais búzios ganharia a aposta
e quem perdesse daria ao vencedor o fruto da sua coleta.
Puseram-se de acordo.

Ogum deixou Xangô e seguiu para a casa de Iansã,
que, entre outros poderes, tinha a missão de cuidar dos mortos,
tendo assim grande familiaridade com a senhora Morte.
Ogum solicitou a Iansã
que pedisse à Morte para ir à praia
no horário que havia combinado com Xangô.

Iansã aquiesceu, mas em troca exigiu de Ogum
um montão de búzios, ou seja, muito dinheiro.
"Nem a Morte trabalha de graça", ela disse.
Na manhã seguinte, assim que o Sol se levantou,
Ogum e Xangô se apresentaram na praia
e o enfrentamento logo começou.
Cada um ia pegando os búzios que achava,
olhando de vez em quando para o outro.
Xangô cantarolava piadinhas contra Ogum.
Ogum, calado, concentrava-se na coleta.

Parecia que a aposta estava empatada,
pois ambos tinham a mesma quantidade de búzios.
O que Xangô não percebeu foi a aproximação
da mais indesejável de todas as criaturas.
Em certo momento, ao erguer os olhos,
o Trovão deu de cara com a Morte.
Ali, bem na sua frente, estava ela,
horrível, medonha, assustadora.

E a Morte riu às gargalhadas do espanto do Trovão.
Xangô largou os búzios, fugiu amedrontado e se escondeu.
Todo mundo sabe que Xangô, o Trovão,
é o mais valente dos guerreiros,
tão valente quanto Ogum, o Ferreiro.
Mas Xangô tem muito medo da Morte
e nem a velórios e enterros de parentes e amigos
ele comparece, nunca.
Com a fuga de Xangô, Ogum pôde recolher mais búzios,
suplantando o adversário e ganhando a aposta.
Tomou os búzios de Xangô
e os deu a Iansã, que com eles pagou a Morte.
Diz Ifá, o Adivinho, que talvez essa tenha sido
a única vitória de Ogum sobre Xangô.
Xangô, o Trovão, aprendeu a lição
e, desde então, toma mais cuidado
para que a Morte não o pegue de surpresa.
Assim, o Ferreiro e o Trovão continuaram a ser
os adversários irreconciliáveis de sempre.

Como a Bela da aldeia acabou ficando velha e feia

Oxum, a Bela, sempre foi a moça mais bonita,
a moça mais cortejada e mais vaidosa do lugar.
Morava perto da lagoa
onde todos os dias ia se banhar.
À lagoa ia todos os dias polir suas pulseiras douradas;
lavar-se e polir suas jóias de precioso metal,
lavar e polir o seu punhal de ouro.
Oxum, a Bela, caminhava junto às margens,
sobre as pedras cobertas pela água rasa da beira da lagoa.
E as pedras brutas alisavam os seus pés
e seus pés nas pedras ficavam mais formosos, tão macios.
Oxum ia à lagoa sempre esperando encontrar um novo amor,
que viria um dia, espreitando, apreciar sua beleza.
Todos os homens se apaixonavam por Oxum,
mas ela queria o amor de um que ainda havia de chegar.
Oxum caminhava nua pelas pedras em torno da lagoa,
esperando pelo homem que um dia ia chegar.
Oxum, a Bela, ia à lagoa brunir os seus metais
e na lagoa lavava seu punhal de ouro.
Ia banhar seu corpo arredondado, lavar os seus cabelos,
lixar seus pés nas rochas ásperas do lago.
Oxum ia desnuda, pensando num amor a conquistar.

Tanto foi Oxum, a Bela, à lagoa,
que as pedras se gastaram com seu caminhar.
Transformaram-se em seixos rolados pelo tempo,
modelados e alisados sob seus bonitos pés.
Aí um dia aproximou-se da lagoa um belo caçador
e Oxum, a Bela, por ele logo se apaixonou.
Na águas da lagoa, Oxum dançou danças de amor e sedução
e o caçador deixou-se atrair por tanto encanto.
Enamorou-se de Oxum perdidamente,
embora não pudesse ver o rosto dela,
escondido do olhar dos curiosos por uma cascata de contas.

Naquele tempo, na África dos iorubás,
reis e rainhas cobriam o rosto
para não serem vistos pelos mortais comuns.
Oxum, a Bela, era uma princesa, uma rainha,
e seu rosto era tabu para os plebeus.
O caçador, contudo, podia imaginar a sua formosura.
Ela dançava nas águas do lago para ele
e ele a chamou à terra, ao prazer do amor.
Quando Oxum saía da água para entregar-se ao caçador,
as contas que lhe cobriam o rosto voaram com o vento
e a face de Oxum se descobriu para ele.

Terrível surpresa!
Oxum, a que gastara com os pés as pedras
de tanto caminhar para o zelo da beleza,
transformando pedras brutas em pedras polidas,
a que não sentira passar o tempo necessário
para que rochas brutas se transformassem em seixos rolados,
Oxum, sim, Oxum, a Bela, estava velha.
Muito velha. Muito feia.
Na face gasta e enrugada pelo tempo,
os olhos estavam desbotados e sem viço.
Era uma mulher muito velha e muito feia.
A mais feia e velha de todas as mulheres.
O caçador nem podia acreditar.
Não era a mulher bela que o extasiara.
Não era a mais doce das belezas que quisera arrebatar.
Assustado e ofendido pelo espetáculo,
ferido pela decepção, temeroso da feia visão,
o caçador gritou:
"É a mulher-pássaro, a velha feiticeira!
É a terrível mulher-pássaro, é Iá Mi Oxorongá!".
O caçador havia confundido Oxum envelhecida
com uma das temidas feiticeiras Iá Mi Oxorongá,
mães ancestrais, donas do feitiço,
que faziam o mal por puro prazer
e aprisionavam os homens em mil tormentos.

O povo daquele lugar acreditava nessas terríveis criaturas,
às quais atribuíam todo tipo de males e mazelas.
Não sabiam que, de fato, tudo o que as mães Iá Mi queriam
era defender seus filhos e garantir os seus direitos.
Mesmo que, se preciso fosse,
tivessem de fazer uso das artes da feitiçaria.
Eram mães, mães apenas,
mães que amavam e defendiam a sua cria.
Mas o povo acreditava que eram criaturas do mal
e inventaram histórias terríveis sobre elas.

Tudo isso assustava o caçador.
Tudo isso o fez gritar, num lampejo de heroísmo:
"Preciso ir à aldeia avisar a todos
que é aqui então que mora a terrível velha-mãe,
aquela cujo nome nem se deve pronunciar!".
Oxum estava pasma, surpresa, enfurecida.
A ação do tempo lhe fora mais do que funesta.
O tempo da beleza se esgotara e Oxum não percebera.
Todo o tempo apurando sua juventude,
todo o tempo banhando seus cabelos,
polindo seu punhal, lavando suas pulseiras.
Oxum, a Bela, não podia deixar que a aldeia
viesse a conhecer o seu segredo:
que Oxum, a Bela, envelhecera.
Oxum, a Velha, a Feia.
Oxum não podia deixar ir-se o caçador.
Oxum matou o caçador com seu punhal de ouro
e depois lançou-se atormentada na lagoa.
E nas águas Oxum se transformou num peixe
e o peixe nadou em direção às profundezas.

Oxum habitou o fundo da lagoa,
mas a memória de sua beleza ficou inscrita
em cada um dos seixos polidos por seus pés.
Oxum será para sempre Oxum, a Bela,
por quem todos os homens se apaixonam.

O Criador da Humanidade inventa a Morte

Quando Olorum decidiu criar o mundo,
encarregou Oxalá dessa missão.
Oxalá, contudo, não conseguiu realizá-la completamente.
Antes de criar o mundo, Oxalá deveria
fazer certas oferendas a Exu, o Mensageiro,
pois Exu é o orixá que comanda o movimento e a transformação.
Oxalá achou que seu poder era enorme
e não seguiu a sagrada recomendação de Olorum.
Deu de ombros e nem ligou para Exu.
Foi castigado por isso.
Exu provocou grande sede em Oxalá.
Oxalá bebeu vinho-de-palma em excesso, ficou bêbado e dormiu.
Então seu irmão Odudua passou à sua frente e criou o mundo.

Criada a Terra, Olorum determinou que cada aspecto da natureza,
cada mistério e segredo, fosse tudo governado pelos orixás.
Cada um deles iria cuidar de uma dimensão do mundo e da vida.
Antes, porém, ordenou que Oxalá completasse a Criação,
e Oxalá, o Grande Pai, fez o homem e a mulher.
O homem foi criado por Oxalá e povoou a Terra.
O homem vivia feliz, mas não deveria se esquecer jamais
que quem governa o mundo são os deuses, os orixás.
Dedicando homenagens, preces e oferendas aos orixás,
o homem tudo conseguia e conquistava.

Com o tempo, porém, a humanidade displicente
deixou de reverenciar as divindades.
Naquele tempo os homens eram imortais
e começaram a pensar que eram deuses.
Começaram a se imaginar
com os poderes que eram próprios dos orixás
e concluíram que não precisavam dos orixás para nada.
Assim, eles esqueceram os orixás,
abandonaram seus guardiões e protetores.

Oxalá estava cansado da arrogância, do descaso
e da total falta de respeito dos humanos.
Afinal, ele os criara na origem do mundo.
Oxalá imaginou que seria melhor que os homens
não mais vivessem para sempre,
pois assim não pensariam que eram deuses.
Então Oxalá criou a Morte.
Quando o momento de cada um chegasse,
caberia à Morte fazer cessar a vida.
Era missão da Morte fazer morrer todos os humanos.
O homem não era mais imortal.
Desde então, Olorum, o Senhor Supremo, decide
qual é a hora de morrer de cada um e envia a Morte.
E só Olurum sabe
qual é a hora final de cada ser humano.
Assim conta Ifá, o Adivinho,
aquele que sabe todas as histórias

Por que muitos seres humanos não batem bem da cabeça

Iemanjá é quem cuida das cabeças
para que a loucura nunca tome conta dos humanos,
mas quem fabrica as cabeças é Ajalá, o Fazedor de Cabeças,
e seu ofício às vezes dá muito trabalho a Iemanjá,
pois nem todo mundo nasce com uma cabeça boa.

Odudua criou o mundo,
mas foi Oxalá, o Grande Orixá, quem criou o ser humano.
Oxalá fez o homem de lama,
com corpo, peito, barriga, pernas, pés.
Modelou as costas e os ombros, os braços e as mãos.
Deu-lhe ossos, pele e musculatura.
Fez os machos com pênis
e as fêmeas com vagina
para que o homem penetrasse a mulher
e assim pudessem se juntar e se reproduzir.
Pôs na criatura coração, fígado, rins
e tudo o mais que está dentro dela,
inclusive o sangue, que corre nas veias e artérias.
Mas Oxalá se esqueceu de fazer a cabeça
e Olorum ordenou a Ajalá que completasse
a obra criadora de Oxalá.

Assim, é Ajalá quem faz as cabeças dos humanos.
Quando alguém está para nascer,
vai à casa do oleiro Ajalá, o Fazedor de Cabeças,
para que seu corpo seja completado.
Ajalá faz as cabeças com barro e as cozinha no forno.
Ele nunca descansa, pois sempre tem alguém nascendo,
sempre alguém precisando de seus serviços,
pois não se pode nascer sem cabeça.
Ele trabalha incessantemente e está cansado.
Pára, às vezes, para descansar
e toma um gole de vinho-de-palma para relaxar.

Depois toma outro gole,
e outro gole,
mais um, quem sabe?
Pobre do oleiro Ajalá, pobre Fazedor de Cabeças.
Não é raro ele acabar se embebedando.
Também, com tanta cabeça para moldar e cozinhar,
haja paciência, haja disciplina!

Se Ajalá está sóbrio, faz cabeças boas,
mas se está bêbado, faz cabeças malcozidas,
passadas do ponto, malformadas.
Quem está para nascer tem que ir à casa de Ajalá
e lá escolher a cabeça com a qual virá ao mundo.
Cada um escolhe sua cabeça para nascer.
Cada um escolhe a cabeça que vai ter na Terra.
Cada um precisa ser muito sabido
para escolher uma cabeça boa.
Cabeça boa é inteligência, talento, equilíbrio.
Cabeça ruim é o contrário.
Cabeça boa é uma vida de riqueza, vitória, prosperidade,
é conforto material, sucesso, paz de espírito,
tudo o que é preciso para uma vida boa.
Cabeça ruim é destino ruim, é fracasso, é tristeza.
O bom é ter cabeça boa,
mas, na pressa de nascer, pega-se a cabeça mais à mão.
Então tem quem nasce com boa cabeça
e quem nasce com cabeça ruim.
Mas a culpa não é de Ajalá, o Fazedor de Cabeças,
porque ele faz muitas cabeças da melhor qualidade.

Depois do nascimento, não há mais o que fazer,
nenhuma cabeça pode ser trocada,
mesmo que ela tenha algum defeito.
Por isso é bom sempre agradar a Iemanjá, a Senhora das Cabeças,
para que ela cuide com carinho da nossa cabeça,
seja uma cabeça boa,
seja uma ruim.

O Caçador dos Peixes cura o pai da cegueira

Ifá, o Adivinho, que sabe todas as histórias
vividas pelos orixás, pelos homens e pelos animais,
histórias muito antigas, que sempre se repetem,
conta que um dia Oxum, a Bela,
apaixonou-se perdidamente pelo caçador Erinlé.
Oxum vivia no rio, Erinlé na floresta.
Erinlé, o Caçador de Elefantes, não correspondeu
à paixão que Oxum lhe dedicava.
O caçador não queria nada com as mulheres da água.
Oxum era do rio, ele era do mato,
jamais combinariam,
era esse o seu sentimento.
Mas Oxum, a Bela, não desistiu,
ela jamais desistia de um amor.
Untou o próprio corpo com mel
e rolou no chão da floresta.
Folhas caídas das árvores grudaram em sua pele,
o perfume das seivas fixou-se em seus cabelos,
o verde das ervas pintou seu semblante.
Oxum, a Bela, fez-se uma entidade da floresta
e conquistou o coração do caçador.

O casal se uniu com grande paixão
e Oxum achou que já podia trazer Erinlé
para seu ambiente aquático, para mais perto dela.
Queria que ele habitasse com ela as águas doces,
a queda das cascatas, as correntezas dos rios,
a placidez dos lagos e das lagoas.
Atraiu o caçador para a beira de um riacho
e se lançou no meio das águas,
dançando para seu amado,
chamando-o para si.
Ah, pobre Oxum, que desespero!
A água lavou o mel de seu corpo.

A água levou as folhas que se desprenderam.
Sua pele ficou descoberta, nua.
Oxum era de novo toda água,
toda rio,
toda lagoa.
O caçador sentiu-se enganado, traído.
Foi-se embora, abandonou Oxum.
A semente do amor de Erinlé
já estava, contudo, crescendo no útero do rio.
Da união do rio com a floresta
nasceu Logum Edé,
metade peixe, metade caça,
metade rio, metade mato.
Dizem que não foi criado por Oxum, a Bela,
mas por Iansã, a Destemida.
Não conhecia o pai,
mas sabia que era filho de um caçador.
O rio corria em sua veias,
mas o mato também coloria o seu sangue.
Havia quem afirmasse com certeza
que Logum Edé era filho de Oxóssi, o Caçador do Povo,
assim chamado por ter matado o pássaro da feiticeira.
Quem sabe?

O tempo foi passando,
Logum Edé ficou moço
e se fez caçador, como o pai.
Erinlé e Logum Edé conheceram-se e foram caçar juntos.
Eram pai e filho, mas não sabiam disso.
Ambos caçavam melhor que todos os demais,
eram os maiores caçadores do reino.
Logum Edé flechava todos os pássaros,
mas respeitava os pássaros das feiticeiras.
Logum Edé tinha um pacto com as Iá Mi Oxorongá,
as velhas e terríveis mães feiticeiras,
que enviavam seu feitiço maléfico pelo vôo dos pássaros.
Logum Edé levava a tiracolo um bornal.

Ele ganhara o bornal das velhas bruxas,
repleto de fórmulas mágicas e misteriosas.
Em troca, nunca matou nenhum pássaro das velhas mães.
Sempre zelou para que seus pássaros voassem livres.

Um dia, quando Logum Edé e Erinlé caçavam juntos,
Logum Edé se distraiu por um instante
e Erinlé matou o pássaro proibido.
As Iá Mi imediatamente se vingaram
e mandaram um feitiço que cegou ambos.
Logum Edé então abriu o bornal que carregava
e retirou de dentro dele um dos mistérios das Iá Mi.
Com a magia das bruxas, devolveu aos olhos de Erinlé
a luz do Sol e o brilho das estrelas.
Não se sabe se Logum Edé também recuperou sua visão,
mas conta-se que dali ele partiu, seguido por Erinlé.
Depois de longa viagem, acabaram chegando à lagoa
onde Oxum, a Bela, se banhava e lavava suas pulseiras.
Logum Edé apresentou a mãe ao seu companheiro,
e dentro d'água um amor antigo renasceu.
Dessa nova união de Erinlé e Oxum
nasceu um novo rio, o rio Inlé.
E nasceu também um peixe dourado,
que foi montado por Logum Edé.
Nas águas do rio Inlé, nadou o peixe de ouro
e o peixe levou Logum Edé para as profundezas.
Foi lá que Logum Edé conheceu Iemanjá,
que o adotou e lhe deu riquezas de seu reino.

Desde que isso aconteceu,
Logum Edé vive ora nas margens do rio,
alimentando-se de peixe,
ora na mata, alimentando-se de caça.

É o caçador que também pesca
e o pescador que também caça.
É Logum Edé, o Caçador dos Peixes.

O Erborista que não cortava as plantas

Ossaim era o nome de um escravo de Ifá, o Adivinho.
Um dia ele foi à floresta e lá conheceu Aroni,
que sabia tudo sobre as plantas.
Aroni, o Gnomo de uma Perna Só, ficou amigo de Ossaim
e ensinou-lhe todos os segredos das folhas.
Um dia, para fazer uma grande plantação,
Ifá ordenou a Ossaim que roçasse o mato de suas terras.
Diante de uma planta que curava dores,
Ossaim exclamava:
"Esta não pode ser cortada, é a erva que acalma as dores".
Diante de uma planta que curava hemorragias, dizia:
"Esta estanca o sangue, não deve ser cortada".
Em frente de uma planta que curava a febre, dizia:
"Esta também não, porque refresca o corpo".
E assim por diante, não cortava nenhuma planta.
Ossaim, o Erborista, sabia que cada folha é o remédio
para algum tipo de doença.

Com o tempo, todos os doentes iam se consultar com Ossaim
para curar qualquer moléstia, qualquer mal do corpo.
Todos dependiam de Ossaim na luta contra a doença.
Todos iam à casa de Ossaim levar suas oferendas.
Ossaim, o Erborista, dava-lhes preparados mágicos:
banhos, chás, infusões, pomadas, beberagens.
Com folhas curava as dores, as feridas, os sangramentos;
as disenterias, os inchaços e as fraturas;
curava pestes, febres e órgãos corrompidos;
limpava a pele purulenta e o sangue pisado;
livrava o corpo de todos os males.

Um dia Xangô, o Trovão, o Senhor da Justiça, julgou
que todos os orixás deveriam compartilhar o poder de Ossaim,
conhecer o segredo das ervas e o dom da cura.
Xangô, à sua maneira, quis fazer justiça.

Xangô sentenciou que Ossaim dividisse
o conhecimento de suas folhas com os outros orixás.
Mas Ossaim negou-se, pois esse era o seu poder.
Xangô então ordenou a Iansã, a Tempestade,
que soltasse o vento e trouxesse ao seu palácio
todas as folhas das matas de Ossaim, o Erborista,
para que elas fossem distribuídas aos orixás.
Iansã fez o que Xangô determinou.
Soprou um furacão, que derrubou as folhas das plantas
e as arrastou pelo ar em direção ao palácio de Xangô.
Ossaim percebeu o que estava acontecendo
e gritou seu brado mágico:
"Euê assá!",
que na sua língua quer dizer "As folhas têm poder!".
Ordenou às folhas que voltassem para o mato
e as folhas obedeceram às ordens de Ossaim.
Quase todas as folhas voltaram para o Erborista.
As que já estavam em poder de Xangô perderam o axé:
perderam seu poder mágico de cura.

Xangô, o Trovão, que é um orixá justo,
admitiu a vitória de Ossaim, o Erborista.
Entendeu que o poder das folhas devia ser exclusivo de Ossaim
e que assim deveria permanecer ao longo dos séculos.
Ossaim, contudo, deu uma folha para cada orixá,
cada folha com seus encantamentos e axés.
Ossaim, o Erborista, distribuiu folhas aos seus irmãos orixás,
mas os segredos mais profundos guardou para si.
Ossaim não conta seus segredos para ninguém.
Ossaim nem mesmo fala, prefere assobiar.
Aroni, o Gnomo da Floresta, é quem fala por ele.
Ossaim, o Senhor da Vegetação, guarda seus segredos
e ensina aos homens o respeito à natureza.

O Adivinho e as histórias que sempre se repetem

Ifá conhece todas as histórias que num passado remoto
foram vividas pelos deuses e pelos homens,
pelos animais, pelas plantas e por tudo o mais que tem vida.
O Adivinho sabe todas as histórias que ainda vão acontecer,
seja neste mundo em que vivemos ou em outro.
As histórias que estão acontecendo e as que vão acontecer
são as mesmas histórias já acontecidas um dia.
Assim acreditam os africanos iorubás.
Para eles tudo na vida se repete, nada é novidade.
Quando se conhecem as histórias do passado
é bem fácil adivinhar o presente e o futuro.
Para isso basta saber qual, entre tantas histórias do passado,
é aquela que estamos revivendo.

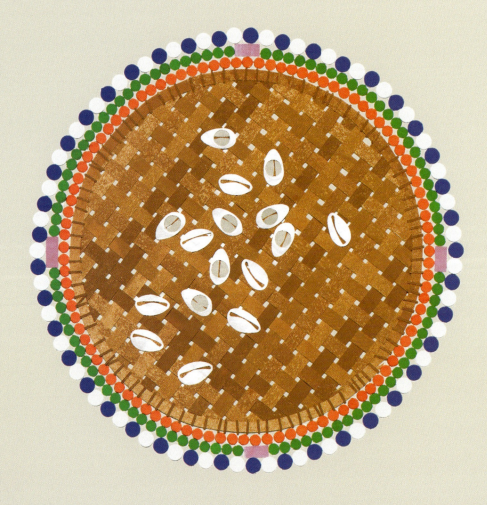

O mago africano de nome Ifá viveu há muito tempo na Terra.
Com a ajuda de Exu, recolheu todas as histórias ancestrais,
sabendo que eram um espelho para a vida no presente.
Depois aprendeu a usar um jogo de conchinhas do mar
que lhe mostrava exatamente qual era a história antiga
que estava acontecendo novamente na vida de alguém.
Essas histórias de Ifá são muitas, são milhares,
e até hoje são aprendidas de cor pelos adivinhos iorubás.
Não são escritas, mas formam dezesseis capítulos,
e cada um deles reúne as narrativas desse ou daquele tema,
como a vida, a morte, o amor, o trabalho, a guerra e a riqueza.
Os capítulos de Ifá têm números e nomes africanos complicados,
e falam de tudo que diz respeito à nossa vida.

O primeiro capítulo das histórias de Ifá é chamado Ocanrã
e nele se fala de movimento, mudança, conflito, confusão e desordem.
O segundo capítulo, Ejiocô, trata de casamento, nascimento e separação.
O terceiro, Etaogundá, é o capítulo da riqueza, das perdas e da morte.
O quarto é Irossum, o da traição, do engano, da prisão e da prosperidade.
O quinto é Oxé, o capítulo do amor, do feitiço e da fecundação.
O sexto é Obará, que trata de coisas materiais, roubos, desastres e litígios.
O sétimo, Odi, tem como temas a guerra, a dissimulação, os obstáculos.
O oitavo, Ejiobê, conta histórias de progresso, equilíbrio e loucura.
O nono capítulo, Ossá, é o da família, do trabalho, da espiritualidade.
O décimo, Ofum, é o da paz, dos tempos difíceis e dos prejuízos.
O décimo primeiro é Ouorim, e fala da doença, da morte e da cura.
O décimo segundo, Ejila-Xeborá, focaliza a justiça, o poder e os negócios.
O décimo terceiro, Ejiologbom, é o da mentira, da falsidade e da acusação.
O décimo quarto é Icá, que fala de isolamento, morte inesperada, tragédia.
O décimo quinto, chamado Oturá, diz dos mortos e do renascimento.
O último capítulo, Oturopom, trata da Criação, do fim e do retorno.

Em língua africana, cada um desses capítulos é chamado odu.
Os adivinhos aprendem as histórias dos odus
e as repetem a seus discípulos,
que são os aprendizes do oráculo de Ifá,
futuros adivinhos.

Uma história do odu Oturopom conta que há muito tempo,
quando alguém tinha um problema sério,
consultava Ifá, o Adivinho, e ele dizia o que estava acontecendo
e como a pessoa devia agir para chegar a um final feliz.
Para isso, Ifá tomava seus dezesseis búzios mágicos
e os lançava numa peneira, perguntando-lhes que história
estava acontecendo com seu consulente.
Ele contava quantos búzios caíam com a abertura para cima.
O número de búzios abertos indicava qual dos capítulos ou odus
narrava o problema do consulente.
Podia ser o primeiro odu, ou o quarto, ou qualquer outro.
Lançando os búzios outras vezes, Ifá identificava
qual das histórias daquele odu estava ocorrendo de novo.
A história selecionada narrava como os personagens antigos
haviam vivido suas aventuras e enfrentado seus problemas,
quais foram suas atitudes certas e quais foram seus erros.
As histórias são sempre as mesmas, mas podem ter fins diferentes.
Ifá orientava seu consulente para que repetisse o que já tinha dado certo,
copiando somente as ações que conduziam a um final feliz.
Segundo Ifá, é preciso prestar atenção nos remédios que funcionaram,
nas rezas que foram propícias, nas decisões que foram acertadas.
E tomar todos os cuidados para que no final tudo saia bem.
É fundamental saber quais orixás devem ser agradados,
para que ajudem o consulente em suas dificuldades.
Descobrir que oferendas devem ser feitas,
quais remédios e magias devem ser preparados.
Esse é o sistema do oráculo de Ifá,
também conhecido como jogo de búzios.

Todas as histórias aqui narradas fazem parte do oráculo de Ifá,
são histórias muito antigas, de um passado imemorial.
Os personagens são os deuses chamados orixás,
que no começo dos tempos tiveram na Terra muitas aventuras,
aventuras que os seres humanos estão sempre a reviver.
Dizem as histórias do oráculo dos iorubás que Ifá,
quando viveu na Terra, teria sido um grande adivinho.
Na língua iorubá, adivinho se diz babalaô, ou pai dos segredos.

Quando chegou a hora de Ifá morrer,
seu conhecimento era tão grande e importante
que Olorum, o Deus Supremo, o transformou num orixá.
Desde então Ifá, que também é chamado Orunmilá,
é o orixá que sabe tudo o que acontece e acontecerá.
É o orixá do oráculo, da adivinhação, do jogo de búzios.
Os seguidores de Ifá, o Adivinho, aqui na Terra
são sacerdotes que aprendem as histórias do oráculo,
babalaôs, pais e mães-de-santo que sabem como jogar os búzios
para desvendar problemas na vida dos seres humanos
que buscam a proteção dos orixás.

Essa tradição chegou ao Brasil com os escravos.
A escravidão acabou e os africanos aqui ficaram.
Suas histórias que contam as aventuras dos orixás
também ficaram, nunca foram esquecidas,
como não se esqueceu o jogo de búzios, o jogo de Ifá.
Hoje são histórias afro-brasileiras,
são histórias brasileiras.
Que sempre se repetem.

Quem são os nossos personagens, os orixás

Os nossos personagens, os orixás, são deuses de um povo africano chamado iorubá. No tempo em que havia escravidão no Brasil, muitos iorubás foram caçados em sua terra, aprisionados e trazidos da África para o nosso país em navios negreiros para aqui trabalhar como escravos.

Os negros africanos trouxeram consigo os seus deuses, os orixás, e aqui refizeram a sua religião, que chamamos de candomblé.

Em 1888, a escravidão foi abolida no Brasil, e a partir de então os antigos escravos e seus descendentes foram se integrando à sociedade brasileira como cidadãos livres. Com o passar do tempo, a religião que eles criaram no Brasil foi deixando de ser uma religião só de descendentes de africanos, recebendo também brasileiros de outras origens. No candomblé, na umbanda e em outras religiões afro-brasileiras, os orixás passaram a ser cultuados por negros, brancos, amarelos e mestiços, sem preconceito.

O culto aos orixás é celebrado nos terreiros, que são templos da religião dos orixás, sempre com cantos e danças ao som de tambores. Os devotos oferecem aos orixás muitos presentes para demonstrar gratidão, amor e devoção. Os principais presentes são as comidas, sendo que cada orixá tem as suas carnes, seus ingredientes, temperos e pratos prediletos. Durante as cerimônias, os orixás se manifestam no corpo de seus filhos espirituais por meio de todo um ritual a que chamamos transe. Vêm para dançar junto com os humanos, para comemorar a união dos homens com os seus deuses.

Hoje em dia, um em cada cem brasileiros adora os orixás e freqüenta os terreiros para cultuá-los. Muitos outros, mesmo não fazendo parte da religião dos orixás, vão aos terreiros de candomblé em busca de ajuda e proteção dos deuses africanos.

Os orixás cultuados no Brasil são cerca de vinte. Segundo os ensinamentos do candomblé, cada orixá é responsável por uma porção do mundo, zelando por uma parte específica da natureza e controlando aspectos do ser humano e das relações sociais. Assim, um certo orixá cuida do raio, outro da chuva, outros do mar, das colheitas, do comércio, das relações amorosas, do equilíbrio emocional, da justiça etc. Os seguidores dos orixás crêem também que cada ser humano é descendente ou filho espiritual de um determinado orixá, de quem herda características físicas e de personalidade, assim como herda traços dos pais biológicos.

Para saber de qual orixá alguém é filho ou descendente espiritual, os devotos consultam as mães e pais-de-santo, que são os sacerdotes que dirigem os templos dos orixás. Eles identificam o orixá de cada pessoa por meio do jogo de búzios.

Dizem os mitos que no início dos tempos havia apenas um deus, um deus supremo que os afro-brasileiros chamam de Olorum, o Senhor do Céu. Foi Olorum quem criou os deuses orixás e entregou a eles a criação e o governo do mundo. Desde então Olorum não mais se intrometeu no que acontece na vida dos homens, preferindo deixar tudo nas mãos dos orixás.

Vejamos um pouco de cada orixá.

EXU — Deus mensageiro e guardião das encruzilhadas e da porta da rua. É ele quem leva aos demais orixás as oferendas que os humanos lhes dedicam para agradá-los e assim merecer sua proteção e seus favores. Seu símbolo é um porrete chamado *ogó*. Os seguidores da religião dos orixás acreditam que as pessoas consideradas descendentes espirituais de Exu são inteligentes, sensuais, rápidas, espertas, não raro destemperadas e trapaceiras. Exu gosta de receber em oferenda comidas bem apimentadas; gosta de carne de bode e de galo; adora farofa, azeite-de-dendê e aguardente. Nos candomblés, a saudação a Exu é *Laroiê*. Suas cores são o vermelho e o preto. Seu dia da semana é a segunda-feira e 1 é o seu número.

OGUM — Deus da guerra, do ferro, da metalurgia e da tecnologia. É o orixá que detém o poder de abrir caminhos, facilitando as viagens e os progressos na vida. Os descendentes espirituais de Ogum são tidos como teimosos e apaixonados, mostrando certa frieza racional. São muito trabalhadores, especialmente moldados para o trabalho manual e as atividades técnicas. Dão bons guerreiros, policiais, soldados, mecânicos, técnicos. Seu dia é a segunda-feira e 7 é o seu número. Azul-real é a sua cor. *Ogunhê* é a saudação a Ogum; seu símbolo é a faca, o *obé*. E gosta de comer cabrito, galo, inhame assado e uma boa feijoada.

OXÓSSI — Deus da caça, orixá da fartura. Esse orixá vive no mato; seus filhos são curiosos e solitários, elegantes e graciosos. São também pacientes, amigáveis, e muitas vezes ingênuos. Os filhos de Oxóssi têm aparência jovial e dão a impressão de estar sempre à procura de alguma coisa. Não se sentem obrigados a comparecer a um encontro marcado. Oxóssi gosta de comer animais de caça, cabrito e pratos preparados com milho e coco, e não suporta mel de abelha. Saúda-se Oxóssi com o grito *Oquê arô*, seu número é o 6 e seu dia da semana, a quinta-feira. O *ofá*, o arco com a flecha, é o seu símbolo. Sua cor é ou azul-turquesa ou verde-claro.

IROCO — Deus das velhas árvores. No Brasil é identificado com a gameleira branca. Seu culto, aqui, está restrito a poucos templos de candomblé e são raros os seus filhos espirituais. Estes são considerados pessoas fortes, decididas e teimosas, mas um tanto aluadas. É saudado com a expressão *Iroco essó*, e come cabrito, galo, inhame, quiabo frito e pipoca. Patrono da ecologia, Iroco é celebrado às terças-feiras e seu número é o 6. Branco, verde e cinza são suas cores.

IBEJIS — Deuses gêmeos da infância. Não se conhecem filhos espirituais dos Ibejis, mas eles são muito venerados no Brasil. Considerados protetores das crianças, são representados por bonecos e brinquedos; comem caruru, prato preparado com quiabos cortados e fritos no azeite-de-dendê; gostam de aves e adoram bolos, balas e tudo quanto é tipo de guloseima. Sua saudação é *Ebé Ibeji oró*. Na sua festa anual, comida, doces e brinquedos são oferecidos a todas as crianças. Seu número é o 2 e seu dia, o domingo. Os Ibejis são relacionados a todas as cores alegres.

NANÃ — Deusa da terra, da lama do fundo dos lagos, dos pântanos. Guardiã da sabedoria, é a mais velha divindade do panteão afro-brasileiro. Considerada mãe dos orixás Omulu e Oxumarê. Gosta de carne de cabra e de capivara acompanhada por mingau de farinha de mandioca. Os filhos espirituais de Nanã herdam dela uma personalidade introspectiva, às vezes rabugenta, mas sábia. São pessoas protetoras, que gostam muito de ensinar. Seu símbolo é um cetro feito de fibras vegetais com o formato da letra jota, o *ibiri*, e ela é saudada com a palavra *Saluba*. Veste-se com as cores branco, azul e roxo. Louvada aos sábados, é associada ao número 11.

OMULU OU OBALUAÊ — Deus da varíola, das pestes e de outras doenças contagiosas. É relacionado com todo tipo de mal físico e conhece suas curas. Seus filhos espirituais têm um aspecto deprimido. Parecem pouco amistosos, mas é porque são tímidos e envergonhados. Quando envelhecem, alguns se tornam sábios, outros parecem alheios à vida, preferindo ficar sozinhos. Omulu gosta de cabrito, porco e galo e jamais dispensa pipoca. O símbolo de Omulu é uma espécie de vassoura, chamada *xaxará*, com a qual ele varre a peste para longe de nós. Sua saudação é *Atotô*. Omulu é louvado às segundas-feiras, seu número é o 11 e suas cores são o branco, o vermelho e o preto.

OXUMARÊ — Deus do arco-íris, também representado como deus-serpente. Quando dança, move-se como uma cobra, e é com uma cobra de latão que o representam. Dizem muitos que Oxumarê é andrógino, que tem os dois sexos. Seus filhos são ágeis, bonitos, imprevisíveis. Há quem diga que são traiçoeiros como as cobras. Oxumarê gosta de receber oferendas de cabrito e cabra, além de uma comida à base de batata-doce. *Arrumboboi* é a sua saudação; 11 o seu número; amarelo, verde e preto as suas cores; terça-feira o seu dia.

EUÁ — Deusa das fontes. É dona de segredos que guarda dentro de uma cabaça, o *adô*, que é o seu símbolo. Também é representada por uma cobra metálica. Saudada com *Rirró*, come cabra, feijão-preto com ovos cozidos e banana-da-terra frita no azeite-de-dendê. Os descendentes espirituais de Euá, que são raros, são ótimos pais e mães, mas são pessoas misteriosas e desconfiadas, às vezes consideradas perigosas, que se queixam, com razão, de serem pouco compreendidas. Sábado é dia de Euá e seu número é o 3. Vermelho, terracota e rosa são suas cores.

OSSAIM — Deus das folhas. É o conhecedor do poder mágico e curativo das ervas, raízes e caules. É sempre invocado na preparação de remédios e banhos medicinais. Seus filhos são sábios, de gênio difícil, com tendência a ter dificuldades com as pernas. Ossaim é simbolizado por um pássaro de ferro; gosta de caprinos e de aves de ambos os sexos, aprecia milho cozido e frutas. Não dispensa o tabaco. *Euê assá* é a sua saudação, seu número é o 6, quinta-feira é o seu dia e suas cores são o branco e o verde.

XANGÔ — Deus do trovão e da justiça. Quando mortal foi um rei poderoso. Entre suas mulheres contam-se Obá, Iansã e Oxum. Seus filhos espirituais dão-se muito bem em atividades e assuntos que envolvam política, justiça, negócios e burocracia. São bons dirigentes e líderes. Gostam muito do poder, são teimosos, resolutos, glutões e gananciosos. O símbolo de Xangô é um machado de duas lâminas chamado *oxé*, que representa a justiça. Seus pratos prediletos são preparados com carneiro, galo e quiabo, e seu brado é *Caô Cabiessi*. 12 é o número de Xangô e quarta-feira é o seu dia. Suas cores são o vermelho, ou marrom, e o branco.

OBÁ — Deusa de rio, foi uma das esposas de Xangô. Protetora do lar, transforma-se em guerreira quando necessário, tendo como símbolos a espada e o escudo. Suas filhas espirituais são ótimas cozinheiras e donas-de-casa, mas dizem que não têm muita sorte no casamento. São pessoas meticulosas, mas às vezes desastradas. Obá recebe oferendas de galinhas e cabras e gosta muito de omelete com quiabo. Obá é louvada na quinta-feira, usa as cores vermelho e amarelo-dourado, e tem como número o 4. Sua saudação no candomblé é *Obaixi*.

IANSÃ OU OIÁ — Deusa dos raios, dos ventos e das tempestades. É a esposa de Xangô que o acompanha na guerra. Guia a alma dos mortos ao outro mundo e protege os humanos da fúria dos raios. Os filhos de Iansã são brilhantes, independentes, espalhafatosos e corajosos. Iansã é simbolizada por uma espada e pelo espanta-mosca feito de rabo de cavalo, o *eruquerê*, com o qual afasta os espíritos dos mortos. Gosta de comer cabra e galinha. Seu prato predileto é o acarajé, bolinho feito de feijão-fradinho frito em azeite-de-dendê. É saudada nos candomblés com *Eparrei*, usa marrom, vermelho e branco, tem como número o 7 e a quarta-feira é o seu dia.

OXUM — Deusa da água doce, do ouro, da fertilidade e do amor. Senhora da vaidade, foi a esposa favorita de Xangô. Os filhos e as filhas de Oxum são pessoas atraentes, sedutoras, manhosas e insinuantes. São orgulhosas de sua beleza. Podem ser muito vaidosas, atrevidas e arrogantes. Não gostam da pobreza nem da solidão. O símbolo de Oxum é um espelho em forma de leque, o *abebé*; sua saudação, *Ora ieiê ô*; sua comida votiva inclui cabra, galinha e um prato feito com feijão-fradinho, camarão seco, ovo cozido e mel. Seu número é o 5, seu dia o sábado e suas cores o amarelo e o dourado.

LOGUM EDÉ — Deus da caça e da pesca, é filho de Erinlé, no Brasil considerado um tipo de Oxóssi, e Oxum, dos quais herdou as qualidades, as preferências e o temperamento, que transmite a seus descendentes espirituais. Dizem que ora habita as matas, como o pai, ora habita as águas doces, como a mãe. Daí o caráter ambíguo de seus filhos espirituais. Seus símbolos são o arco e a flecha de Oxóssi e o leque-espelho de Oxum. Recebe em oferenda animais sempre formando casais. Gosta de milho cozido com coco, peixes e frutas. É saudado com *Lôssi arô*. Azul-turquesa e amarelo são suas cores, 6 é o seu número e quinta-feira o seu dia.

IEMANJÁ — Deusa dos grandes rios, do mar e da maternidade. Venerada como mãe dos orixás, dos seres humanos e dos peixes. Representada por uma sereia, sua estátua pode ser vista em muitas cidades ao longo da costa brasileira. Os filhos e as filhas espirituais de Iemanjá são bons pais e boas mães, sempre superprotetores. Seu maior defeito é falar demais; são incapazes de guardar segredo. Seu símbolo é um espelho e peixes de prata. Saudação: *Odoiá*. Iemanjá come ovelha, pata e peixe, além de arroz e canjica. Usa branco e azul-claro, seu dia é o sábado e seu número o 9.

IFÁ OU ORUNMILÁ — Deus da adivinhação, do oráculo, do jogo de búzios. É por meio do jogo de búzios dedicado a ele que os pais e mães-de-santo determinam de que orixá descende cada devoto do candomblé. O jogo de Ifá também é usado para se perguntar sobre o destino das pessoas, seus caminhos, seus problemas. Ele não se manifesta em transe. Saudado com o grito *Ireoia*, gosta de galo branco e de uma comida preparada com farinha de arroz, banana e ovo. Suas cores são o amarelo e o verde, seu dia é a segunda-feira e seu número o 16.

ODUDUA — Deus da Criação responsável pelo surgimento da Terra, o mundo em que vivemos. Odudua é simbolizado por uma cabaça que representa o mundo. No Brasil não tem filhos espirituais e seu culto é pouco freqüente, sendo às vezes confundido com Oxalá. Não se manifesta no transe. Saudado com *Epa epa Odudua*, recebe em oferenda animais de cor branca e gosta de suspiro. Seu dia é a sexta-feira, seu número é o 10 e a sua cor o branco.

OXAGUIÃ — Deus da Criação que responde pelo surgimento da cultura material. Foi ele quem inventou o pilão, o primeiro instrumento que o homem teria usado no preparo de alimentos. É um guerreiro, considerado por muitos um Oxalá jovem. Seus símbolos são a mão-de-pilão e a espada, ambas de prata. Seus filhos são intrépidos, destemidos, criativos e propensos à vida solitária. Também chamado Ajagunã, é saudado com *Xeuê Babá*. Come caracóis, purê de inhame com um pouco de mel, arroz e canjica, tudo sem sal e sem azeite-de-dendê. O número de Oxaguiã é o 8 e seu dia da semana, a sexta-feira. Usa branco com algum detalhe em azul.

OXALÁ — Deus da Criação, o orixá que criou o homem. É profundamente reverenciado por todos os adeptos da religião dos orixás, assim como pelos próprios orixás. Chamado "o Grande Orixá", é representado nas cerimônias de candomblé como velho, cansado e vagaroso, quase incapaz de dançar, mal suportando a luz do sol, sempre protegido por panos brancos que o cobrem completamente. Os filhos de Oxalá gostam do poder, do trabalho criativo, são mandões e determinados. Oxalá, o Velho, também é chamado de Oxalufã e Obatalá. É representado pelo cajado, o *opaxorô*, no qual se apóia para dançar. Aprecia caracol, inhame, melão e comidas brancas, jamais preparadas com azeite-de-dendê ou sal. Seu grito é *Epa Babá*. O branco é sua cor, a sexta-feira é o seu dia e seu número é o 10.

Nota do autor

Este livro completa minha trilogia Mitologia dos Orixás para Crianças e Jovens, iniciada com *Ifá, o Adivinho* e *Xangô, o Trovão*. São três livros independentes que, no conjunto, contam os mitos principais de todos os orixás que fazem parte das tradições afro-brasileiras. As histórias narradas nos três volumes baseiam-se em meu livro *Mitologia dos orixás*, escrito para gente grande e publicado em 2001 pela Companhia das Letras. Foram muitos os amigos e colegas que me ajudaram a iniciar e completar este projeto de contar histórias afro-brasileiras para crianças. Quero agradecer especialmente a Carlos Eugênio Marcondes de Moura, Betty Mindlin, Antônio Flávio Pierucci, Rosa Maria Bernardo e Sayonara Medeiros, pelo incentivo incondicional, às minhas editoras Lilia Moritz Schwarcz e Heloisa Jahn, pela parceria decisiva, a Pedro Rafael, que deu vida às histórias com suas ilustrações de mestre, a Elisa Braga, Raul Loureiro, Helen Nakao, Cristina Yamazaki e Júlia M. Schwarcz, que cuidaram da edição com arte e amizade. Muito obrigado a todos.

REGINALDO PRANDI
São Paulo, primavera de 2004

O autor

REGINALDO PRANDI, paulista de Potirendaba, é professor de sociologia da Universidade de São Paulo e autor de muitos livros sobre sociedade e cultura brasileiras. Sobre mitologia afro-brasileira publicou *Os príncipes do destino*, pela editora Cosac & Naify, *Mitologia dos orixás*, pela Companhia das Letras, e *Ifá, o Adivinho* e *Xangô, o Trovão*, pela Companhia da Letrinhas. Por esta editora publicou também *Minha querida assombração*. Em 2001 recebeu do Ministério da Cultura, CNPq e SBPC o Prêmio Érico Vannucci Mendes por sua contribuição à preservação da cultura afro-brasileira; e, em 2003, da Fundação Nacional do Livro Infantil e Juvenil, o Prêmio Melhor Livro Reconto, por *Ifá, o Adivinho*.

O ilustrador

PEDRO RAFAEL, nascido em Brasília e residente em Salvador, é artista plástico e restaurador. Além deste livro, ilustrou para a Companhia das Letras e Companhia das Letrinhas os livros de Reginaldo Prandi *Mitologia dos orixás*, *Ifá, o Adivinho* e *Xangô, o Trovão*. Em 2003 recebeu da Fundação Nacional do Livro Infantil e Juvenil o Prêmio Revelação Ilustrador por *Ifá, o Adivinho*.

Esta obra foi composta em Scala, teve seus filmes gerados pela FTW e foi impressa pela RR Donnelley sobre papel Couché Reflex Arctic da Suzano Bahia Sul para a Editora Schwarcz em novembro de 2004.